chnee- und Schotterfeldern
heute wie damals den inten-
eckend, auf seinem Gipfel zu
n das glitzernde Licht in den
heiner- und Raiblersees! Die-
Ruhe aus, während die steil
ragenden Zinnen, Gipfel und
ndrang des Bergsteigers un-
feuern.
von Julius Kugy, die jedem
Erlebnisse und Gedanken
den die Gipfel der Julier für
lichkeiten. Das ging so weit,
uf meinen Touren von ihnen
fühlte. Jeder sprach in einer
u mir. Sie verlangten von mir
herheit, sowie umsichtige Pla-
hießen sie mich willkommen
etter, festem Fels und warmem
das man sich nach dem
frieden zur verdienten Rast
nte. Sie boten oft zur rechten
chende Quelle oder schickten
n Bergdohlen zur Gesellschaft;
n mit erhebenden Aussichten
eite Wolkenmeere, mit klaren
und Sternenhimmel, die einen
er werden ließen, das alles aus
leben zu dürfen.
n Gipfel verdienen Zuneigung,
nd – ja, auch das! – Demut,
ihren Wäldern, Wänden und
ten dem Himmel und der
näher sein können als sonst an
rt. Wenn sie unsere Liebe und
, beschenken sie uns reichlich
baren Schatz unauslöschlicher
Sie geben uns innere Ruhe und
stark für den beruflichen Alltag.
nd die Julischen Alpen für mich
des Lichts gewesen, der land-

schaftlichen Heiterkeit. Die kräftigen Farben, an welchen der Blumenreichtum dieser Bergwelt einen großen Anteil hat, haben mich stets tief beeindruckt.
So sind mir im Laufe der Jahre die Julischen Alpen zur Heimat des Herzens geworden.

Das Ziel dieses Buches ist, die vielseitige und einzigartige Schönheit der Julier zu allen Jahreszeiten zu zeigen. Ein solcher Bildband will weder ein Führer mit detaillierten Tourenbeschreibungen sein, noch will er sich aus geschichtlicher Perspektive detailliert den dramatischen Ereignissen des Ersten Weltkriegs in den Bergen und an der Isonzofront widmen.

Im Vorwort zu seinem Buch „Die Julischen Alpen im Bilde" schrieb Julius Kugy: „Ich bin immer der Ansicht gewesen, dass ein gutes Bild mehr wirkt als tausend gedruckte Worte." Und er schloss sein Vorwort mit der auch hier geltenden Einladung: „Kommet her alle und schauet die Julischen Alpen. Dieses Werk ist eine Einladung, ein Ruf zu ihnen. Lernet sie kennen und lieben. Ihr werdet mit heißem Herzen, mit Dankbarkeit, Freude und Sehnsucht an sie zurückdenken."
Kugy hat mir mit seinem Buch in der entscheidenden Lebensphase des Jugendlichen die Schönheit der Julischen Alpen nahegebracht. Möge der vorliegende Bildband diese Erfahrung in gleicher Weise bei anderen Menschen bewirken.

Villach, im Juli 2011 Helmut Teissl

*Bild rechts:*
Das Kugy-Denkmal in der Trenta mit dem Jalovec

**Ost-Julier vom Dobratsch**

Inhaltsverzeichnis

**West-Julier vom Dobratsch**

Inhaltsverzeichnis

# Ost-Julier

## Östlich vom Predilpass

Zwei Drittel der Fläche der Julischen Alpen umfassen den östlichen, den slowenischen Teil. Slowenien hat den größten Teil dieser touristisch wertvollen Bergwelt unter Schutz gestellt und den 880 Quadratkilometer großen Triglav Nationalpark (Triglavski Narodni park) geschaffen. Im Zentrum liegt der Triglav, gleichsam das alpine „Nationalheiligtum" der Slowenen. Hier beginnt unsere Wanderung durch eine der schönsten und europaweit dennoch wenig bekannten Gebirgslandschaften am sonnigen Süddach der Alpen.

**Sonnenaufgang vom Triglav**

Wer den Tag vom höchsten Gipfel der Julischen Alpen aus begrüßen will, muss noch während der Dunkelheit vor der Morgendämmerung aufbrechen.

## Triglav vom Tosc

Blickt man von Süden auf den Triglav, erkennt man, dass er seinem Namen „Dreikopf" gerecht wird.

Im Rund der drei Gipfel liegt das Planika-Haus auf 2401 m.

Die höchste Schutzhütte Sloweniens, das Triglavhaus (Triglavski dom) auf der Kredarica liegt rechts des Gipfelaufbaus auf 2515 m.

Vom Tosc haben wir es zum ersten Male gesehen: Der mittlere Hauptgipfel des Triglav ist das seitliche Portrait eines auf dem Rücken liegenden Mannes.

Wenn der Betrachter den Kopf etwas nach links neigt, erkennt er die Augen eines Schlafenden und wird sich künftig diesem Antlitz des Julier-Riesen nicht mehr entziehen können. Dass dem ruhenden Herrn täglich viele „auf der Nase spazieren" tut der Achtung vor diesem schönen Berg keinen Abbruch.

*Nächste Doppelseite:*

Winternacht über der Kredarica mit dem Triglavhaus (Triglavski dom). Es liegt auf 2515 m und ist damit die höchstgelegene Unterkunft Sloweniens und der Julischen Alpen.

## Morgenstimmung am Triglav

Was für ein schöner Morgen nach einer kalten Winternacht! Der Anstieg auf den Gipfel führt über den versicherten Triglav-Ostgrat, an dem die Steigspuren im Schnee gut zu erkennen sind. Rechts im Hintergrund der Jalovec

Aufstieg zur Kredarica am Morgen

Sonnenaufgang an der Škrlatica-Gruppe von der Kredarica

Triglav mit Triglavski dom auf der Kredarica

Abfahrt im Frühlingsschnee ins Krma-Tal

Schneerosen im Krma-Tal

## Frühling im Krma-Tal

*Bild links:*

Wenn die Abendsonne ihre letzten Strahlen in die Westwand der Debela peč zaubert, ist es für die Krokusse Zeit, ihre Kelche zu schließen.

*Bild rechts:*

Von der Frühlingswiese bei der Kovinarska koča reicht der Blick weit ins Krma-Tal nach Süden. Der linke Gipfel ist der Mali Draški Vrh, der rechte der Veliki Draški vrh, hinter dem sich gerade noch ein Stück des Tosc zeigt. Die Skiabfahrt von der Kredarica nutzt die baumlosen, weiten Schneefelder unter den Nordwänden.

## Der Bamberg-Weg auf den Triglav

*Bild links:*

Die ersten Passagen des als Klettersteig gut gesicherten Bamberg-Weges bieten gleich einen spannenden Tiefblick auf den 1758 m hoch gelegenen Luknja-Pass.

*Bild links:*

Auch an sehr schattigen Stellen des Klettersteiges erfreuen alpine Blumen das Auge, wie die Zois-Glockenblumen, die nur in den Julischen Alpen, den Karawanken und den Steiner Alpen gedeihen.

*Bild rechts:*

Großartig ist die Aussicht vom Grat der Plemenice nach Norden ins Vrata- Tal und zum Cmir.

Zierliche Glockenblume

Dolomitenfingerkraut

## Die Blumen der Plemenice

Von der Weite wirken die Felswände der Julier rauh und kahl. Die Wanderwege und sogar steilste Klettersteigabschnitte haben jedoch den Augen des Fotografen eine derartige Fülle von Blumen verschiedenster Art anzubieten, dass sie ihn alle Angaben über Wegzeiten vergessen lassen. Beim Verweilen und Betrachten der Blütenpracht kann man seelisch eintauchen in das, was man gemeinhin unter „Leben" versteht.

Weißer Alpenmohn

Gelber Alpenmohn

Mir schien es auf allen Touren in den Julischen Alpen, als würden die Blumenbestände in einen regelrechten Wettbewerb um die Gunst des Betrachters eintreten. Das Staunen auf einer Bergtour nimmt kein Ende angesichts der so lebensfeindlichen Stellen, an welchen es die Natur dennoch geschafft hat, sich durchzusetzen.

Die Wege und Klettersteige sind daher nicht bloß eine sportliche Herausforderung; für offene Augen sind sie Reisen von einer Blumeninsel zur anderen.

*Bild links:*

### Triglav von der Plemenice

Zwischen dem abwechslungsreichen Steig über den Grat der Plemenice und dem Gipfelaufbau des Triglav wirken die Schuttfelder der Zaplanja wie ein komponiertes Intermezzo, bevor der Bamberg-Weg in den Fels der Triglav Südflanke führt.

### Triglavska škrbina

Bis der Bergsteiger zum Einstieg des südlichen Klettersteiges auf den Triglavgipfel gelangt, muss er kraftraubende Schuttfelder bewältigen.

**Die Morbegno-Kaserne am Triglav**

Südlich des Triglav, auf 2520 m, sind noch die Ruinen der nach dem Ersten Weltkrieg erbauten italienischen Morbegno-Kaserne zu sehen.

**Aufstieg zur Triglavska škrbina**

In der Triglavska škrbina, einer Scharte auf 2659 m, muss man sich zwischen dem Weiterweg über den Südgrat zum Triglavgipfel oder dem Abstieg zum Dom Planika auf 2401 m entscheiden.

**Milchstraße über dem Planika-Haus**

Das Dom Planika („Edelweißhaus") südlich des Triglav liegt auf 2401 m und ist neben dem Triglav-Haus auf der Kredarica ein idealer Ausgangspunkt für die Gipfelbesteigung.

**Triglav Ostgrat 4:30 Uhr**

Wer früh aufsteht, dem bietet sich das Glück, mit dem König der Julier eine Zeit lang allein sein zu können. Aufstiege wie diesen über den Ostgrat bei Tagesanbruch empfinde ich als Höhepunkte eines Bergsteigerlebens. Dies wird jedoch nur demjenigen zuteil, dem das Aufgehen in der Natur mehr gilt und gibt als die sportliche Leistung. Slowenen empfinden es nahezu als staatsbürgerliche Pflicht, einmal im Leben auf dem Gipfel des Triglav gestanden zu sein, weil dieser Berg sowohl in der Fahne als auch auf den Münzen Sloweniens gegenwärtig ist.

## Gipfelpanorama vom Triglav

Vom Triglav nach Nordwesten blickend hat man den Großteil der Julischen Alpen vor sich. Dahinter die hügeligen Bergketten Westkärntens im Dunst.

*Nächste Doppelseite:*

Oberkrain, die Karawanken und Steiner Alpen vom Gipfel des Triglav.

## Abstieg vom Planikahaus

Wer seinen Augen neben der Morgenröte am Triglav-Südgrat weitere Farbeindrücke vermitteln will, lenkt seine Schritte über die Dolič-Hütte und den Hribarice-Sattel nach Süden, zum lieblichen Sieben-Seen-Tal.

## Das Tal der Sieben Seen am Triglav

### Dritter See (Grünsee)

Beim Abstieg vom Hribarice-Sattel drängt sich der Dritte See (Zeleno jezero) als erster ins Blickfeld des Wanderers. Wer zur Prehodavci-Hütte gelangen will, wandert an ihm vorbei.

### Gelber Eisenhut beim zweiten See

Die Blumenpracht im Sieben-Seen-Tal ist ein Naturwunder im Triglav-Nationalpark.

*Bild rechts:*

**Erster See**

Die malerisch auf 2071 m gelegene Prehodavci-Hütte (Zasavska Koča na Prehodavcih) spiegelt sich im Ersten See. Seine Umgebung sieht nur auf den flüchtigen Blick hin kahl aus. Zwischen den Steinen und auf den grünen Graspolstern blüht es in allen Farben. Der Gipfel im Hintergrund ist der 2312 m hohe Malo Špičje.

**Glockenspiel im Tal der Sieben Seen**

Überall in den Julischen erobern sie ihren Platz: die Glockenblumen. Ihr Läuten ist nicht hörbar, und doch beeindruckt es mehr als das einer Glocke aus Erz. Gesellt euch zu ihnen und lauscht mit euren Augen, wenn der Wind die blauen Glöckchen zart bewegt: aus ihnen ertönt die Stille!

**Das Sieben-Seen-Tal und seine Blumen**

Mit der Liebe zur Botanik und zur Fotografie kommt man nur langsam durch das Sieben-Seen-Tal. Ob Almrausch und Edelweiß *(Bilder oben)* oder gleich ein ganzes Blumenmeer *(Bild rechts)* zu bestimmen oder abzulichten sind: im Farbenparadies für die Augen braucht es geduldige Bergkameraden, die warten können.

## Die küssenden Steine der Prehodavci

Ein schöner Abend auf der 2071 m hoch und am nördlichen Ende des Sieben-Seen-Tales gelegenen Prehodavci-Hütte. Wieder einmal fesselte mich der Sternenhimmel einer klaren Nacht. Aus der im Dunkel liegenden Hütte hörte ich die fröhliche Unterhaltung der Gäste, während ich mit Kamera und Stativ die Szenerie fotografisch festhielt.

Eine Stunde vor Mitternacht erlosch das Licht in der Hütte. Ein junges Paar trat ins Freie und zog mit Stirnlampen ausgerüstet an mir in südliche Richtung vorbei. Ich rätselte, wohin man zu so später Stunde wohl noch gehen könne, denn das junge slowenische Paar steuerte nicht auf den Abstieg ins Sieben-Seen-Tal zu, sondern suchte offensichtlich den Aufstieg auf den Malo Špičje. Ich erkannte dies an den lustig tanzenden Lichtern der Stirnlampen, die immer wieder von Felsen verdeckt wurden.

Während einer Zeitaufnahme über die Dauer einer halben Minute zog eine große Sternschnuppe ihre gleißende Spur in den Nachthimmel über dem Malo Špičje. – Fotografenglück! – Gerade war ich mit weiteren Aufnahmen beschäftigt, als auf dem fernen Sattel links des Gipfels wieder die tanzenden Lichter der Stirnlampen auftauchten und langsam der Hütte zustrebten, immer wieder stehenbleibend, einander umkreisend. Zuerst von Weitem, dann näherkommend und deutlicher waren auch die Stimmen der beiden zu hören. Die zwei hatten sich viel zu erzählen, und ihr wechselndes Lachen und Flüstern verriet mir ihre ausgezeichnete Stimmung. Als sie an mir vorbeigingen, hatte ich gerade meine Fotoausrüstung zusammengepackt, und wir trafen in der bereits leeren Stube zusammen. Da erkundigte sich die junge Slowenin, ob ich die Sterne fotografiert hätte. Nachdem ich ihr das Bild mit der Sternschnuppe gezeigt hatte, bat sie mich inständig, ihr das Bild mittels E-Mail zu schicken; es habe für sie eine besondere Bedeutung: Sie war mit ihrem Freund zu den küssenden Steinen der Prehodavci gegangen. Dort, am Beginn des steilen Anstieges auf den Malo špičje angelangt, hatten beide diese Sternschnuppe auch gesehen.

Überglücklich strahlend verriet sie mir, dass ihr Freund ihr angesichts dieses Ereignisses einen Heiratsantrag gemacht hatte.
Ein kleines, doch kosmisches, Geschehen am Beginn eines jungen Eheglücks – und die küssenden Steine der Prehodavci als Ehestifter!
Gibt es bessere Trauzeugen als dieses Liebespaar aus Stein?

Nachsatz: Zu meiner großen Freude war ich später zur Hochzeit, die bei den küssenden Steinen stattfand, eingeladen.

**Prehodavci vom Gipfel des Malo Špičje**

Der Malo Špičje ist mit 2313 m Höhe ein von der Prehodavci-Hütte leicht zu erreichender Aussichtsberg mit hervorragendem Panorama. Der Luknja-Pass liegt noch im Schatten, während tief unten im Tal die ersten Sonnenstrahlen des Tages die Zadnjica erwärmen.

**Fünfter See mit der Sieben-Seen-Hütte**

Die Sieben Seen im Nationalpark Triglav bilden einen willkommenen Kontrast zur kargen Karstlandschaft des Hochgebirges. Tapfer trotzen sie der sommerlichen Austrocknung und erfreuen bis in den Herbst hinein das Auge des Besuchers. Besonders beliebt ist der Fünfte See, steht an seinem nördlichen Ufer doch die traditionsreiche Sieben-Seen-Hütte (Koča pri Triglavskih jezerih) auf 1685 m Seehöhe.

## Der Savica-Wasserfall

Beim Abstieg vom Sieben-Seen-Tal über die 800 m hohe Komarčawand zum Wocheinersee hört man ihn schon von weitem: den Savica-Wasserfall. Von der Schutzhütte Koča pri Savici ist der beliebte Ausflugsort auf einem bequemen Steig zu erreichen.

An heißen Sommertagen sind die Sprühnebel der Wasserfälle eine willkommene Erfrischung.

## Die Almen der Wochein

Die Almen der Wochein sind als Teil des Triglav-Nationalsparks (Triglavski Narodni park) durch ein gut markiertes Wegenetz miteinander verbunden. Ein beliebtes Ziel für Wanderungen von Stara Fužina am Wocheinersee ist die Koča na Planina pri Jezeru (Hütte auf der Alm am See).

## Wocheinersee

Wie in einer Schublade, die kostbarste Schätze birgt, ist der größte See Sloweniens an drei Seiten von 1000 m hohen, schützenden Felswällen umgeben. Am östlichen Ufer steht die Kirche des heiligen Johann (Sveti Janez). Über dem Kirchturm, am Ende des Tales, erhebt sich die Komarčawand, der die Wasser der Savica in einem Wasserfall entspringen. Im Bild am rechten (nordseitigen) Ufer verläuft ein landschaftlich besonders reizvoller Wanderweg bis zu den Wiesen am westlichen Ufer bei Ukanc. Dort findet alljährlich Mitte September der traditionelle Kuh-Ball (slow. Kravji bal) statt, mit Brauchtumsvorführungen, Volksmusik und Köstlichkeiten aus der slowenischen Küche.

## Herbst am Wocheinersee

Oktober – ruhig ist es geworden am Wocheinersee. Von weit her hört man das plätschernde Paddeln eines einsamen Kanu-Fahrers. Nicht der leiseste Windhauch kräuselt das Wasser; die Bäume geben sich noch einmal der wärmenden Herbstsonne hin und bedanken sich mit leuchtenden Farben. – Eine herrliche Zeit des Rastens und Träumens an den Ufern des Wocheinersees!

## Triglav vom Veliki Draški Vrh

Wenn der Winter seine ersten Grüße in die Kare und Wände gezuckert hat und die Herbstnebel träge in den Tälern liegen, sind südliche Anstiege zu den Julier-Gipfeln immer noch möglich. Der Veliki Draški Vrh ist mit 2243 m wie sein Nachbar Tosc einer der südöstlichen Vorberge des Triglav. Vom Gipfel des Veliki Draški Vrh präsentiert sich das Nationalsymbol der Slowenen wie auf dem Wappen ihres Staates. Die flache Fels- und Schneepyramide im linken Bildteil ist der Kanjavec. Seine sonnige linke Schulter fällt zum Hribarice-Sattel ab, dem Eingangstor zum Sieben-Seen-Tal.

Zadnji Vogel-Alm

Bogatin vom Vogel

Zajamniki-Alm (Planina Zajamniki)

*Bild links:*

**Zajamniki-Alm im Frühling**

Die letzten Schneefelder auf dem Kanjavec und Triglav schwinden dahin. Überall grünt und blüht es.

*Bild rechts:*

**In der Vintgar**

Zwischen Bled und Jesenice bahnt sich die Radovna ihren Lauf zur Save durch eine enge und malerische Schlucht (Vintgar-Klamm). Ein Holzsteg begleitet den Fluss durch die Klamm. Das Finale der wildromantischen Szenerie vollführt die Radovna in einem 20 m hohen Wasserfall im Savetal.

*Bild links:*

## Veldeser See im Herbst

Ein Hort der Ruhe ist die kleine Insel im See von Bled. Schon die einzig mögliche Zufahrt mit einem Ruderboot bringt Entspannung in unser heutzutage hektisch gewordenes Dasein. Über eine breite Steintreppe gelangt man in den Kirchenhof mit schöner Aussicht auf den See. Das kleine Kirchlein bietet eine Besonderheit: Eine Wunschglocke, an der schon Julius Kugy gezogen hatte und seinem Buch „Die Julischen Alpen im Bilde" einen guten Weg wünschte. So reihte auch ich mich ein in die Kette der Wartenden, tat es Julius Kugy gleich und steuerte bei zum ständigen Gebimmel der vielen Hoffenden.

*Bild rechts:*

## Bled von der Osojnica

Der steile, 200 m hohe Aufstieg zur westlich des Sees gelegenen Osojnica lohnt sich. Der Blick ist atemberaubend und beruhigend zugleich. Vor dem Hintergrund der östlichen Karawanken liegt der Veldeser See (Blejsko jezero) uns wie ein Smaragd zu Füßen. Die Boote, welche die Besucher zum Kirchlein im See bringen, gleiten träge dahin und vermitteln eine friedvolle Ruhe.

## Peričnikfall im Vratatal

Auf dem Weg von Mojstrana zum Aljaž-Haus im Vratatal liegt der sehenswerte Peričnikfall (Slap Peričnik). Sein Wasser kommt aus der nordöstlichen Martuljekgruppe. Im Sommer regnet es aus der stark überhängenden und porösen Wand wie in einem Tropengewitter.

## Martuljek-Gruppe vom Mitterberg

Von Gozd Martuljek im Savetal führt eine steile, einspurige Straße auf den Mitterberg (Srednji vrh). Hoch über dem Tal bietet sich ein schöner Blick auf die Martuljekgruppe. Am markantesten tritt die fast 1000 m hohe senkrechte Nordwand des spitzen Špik hervor. Die Škrlatica ist von hier aus nicht sehen. Sie befindet sich hinter diesen malerischen Bergen.

Veliki Oltar
Velika Ponca
Mala Ponca
Špik
Frdamane police

Blumenfreunde kommen am Špik auf ihre Kosten *(Bilder von links oben)*: Almrausch, Gelber Eisenhut, zierliche Glockenblume, Südalpen-Hornkraut.

*Bild links:*

Špik im Frühling vom Mitterberg (Srednji vrh)

**Prisank vom Weg auf den Špik**

Aus der Pišnica führen zwei Wege auf den Špik. Der abwechslungsreichere nimmt seinen Ausgang bei der Krnica-Hütte (Koča v Krnici). Den schönen Ausblick auf die Ostseite des Prisank genießt man von der Lipna špica.

## Rast am Luknja

Nach einem Aufstieg von 700 Höhenmetern aus dem Vratatal sind wir wieder am 1758 m hohen Luknja-Pass zur verdienten Rast inmitten der Trollblumen angelangt (*Bild rechts*). Doch diesmal wenden wir uns nicht nach links, um über den über die Plemenice führenden Bambergweg auf den Triglav zu gehen; der nach rechts und nordwärts abzweigende, landschaftlich sehr schöne Südanstieg auf den Bovški Gamsovec und der weitere Anstieg zum Razor sind unser Ziel (*Bild unten*).

Der Luknja ist ein klassischer und schon früh von Wilderern aus der Trenta genutzter Übergang, der seine Besucher mit vielen Blumen willkommen heißt. Im Blick nach Süden liegt links der von Schneefeldern bedeckte 2568 m hohe Kanjavec. Zu ihm gehört auch der Felssporn des Vodnikov Vršac, neben dessen schattiger Nordwand gerade noch die kleine Prehodavcihütte in der Senke sichtbar ist. Rechts davon im Hintergrund und vor den Wolken sind der Malo und der Veliko Špičje erkennbar.

Die Steinböcke haben sich mit dem Bovški Gamsovec einen besonders ruhigen und malerischen Berg ausgesucht.

*Bild links:*

## Triglav vom Bovški Gamsovec

Der Aufstieg vom Lunknja-Pass zum Bovški Gamsovec bietet grandiose Ausblicke auf den Triglav und seine Nordwand. Links vom Triglav auf der schneebedeckten Schulter das Triglav-Haus. In der rechten Bildhälfte die hellbraune Flanke der Plemenice, über die der Bamberg-Weg vom Luknja-Pass auf den Triglav führt.

## Bovški Gamsovec

*Bild links:*

Triglav mit Nordwand vom Bovški Gamsovec. Was fesselt unser Auge mehr an diesem schönen Tag: der Frühlingsenzian oder der König der Julier?

*Bild rechts:*

Aussicht vom Bovški Gamsovec nach Norden. Die Schneefelder reichen am höchsten am Stenar hinauf. Links von ihm ragt, teilweise beschattet, die schneefreie Škrlatica hervor. Die Scharte Dovška vrata ist im Bild links unten zu sehen. Sie ist der Übergang von der Sovatna-Senke im Vratatal zum Pogačnik-Haus.

Križ-Böden (Kriški podi) und Razor vom Bovški Gamsovec. In der grünen Senke liegt das graue Pogačnik-Haus (Pogačnikov dom).

Križ-Böden (Kriški podi) vom Weg zum Razor

## Der „müde Turm" der Planja und der Razor

*Bild links:*

Auf dem Weg vom Planja-Sattel (Sedlo Planja) zur Planja begegnet man dieser interessanten Felsformation. Kugy hat sie als „müden Turm" bezeichnet. Der an den großen Fels angelehnte „Rüssel" könnte auch von einem versteinerten Rieseninsekt stammen.

*Bild rechts:*

Der Planja-Sattel mit dem Razor vom „müden Turm" aus gesehen. Über das Schnee- und Schuttfeld links des Razor kommt der Jubiläumsweg vom Prisank und der Mlinarica herauf.

*Nächste Doppelseite:*
Triglav (links) und Kanjavec (rechts) vom Razor am Abend.

## Bovški Gamsovec und Pihavec

Auf dem Weg von der Dovška vrata zum Pogačnikhaus. Abends erglüht für kurze Zeit die Kulisse des Bovški Gamsovec und des Pihavec.

## Kleine Diebe im Bivak IV der Škrlatica

Am späten Nachmittag machten wir uns auf den Weg zur Skrlatica. Vom Aljažev dom ging es steil fast 1000 Meter hinauf zum Bivak IV, welches unter der Nordwand des Stenar wie auf einem Balkon thront. Bei Einbruch der Nacht betraten wir die Biwakschachtel und hörten sogleich ein zirpendes Geschnatter vom Ende des Matratzenlagers: drei ziemlich wohlgenährte Mäuse tollten quietschvergnügt und ohne Scheu über die Polster! Bei meinem Versuch, sie zu fotografieren, machten sie sich hinter die Holzverschalung aus dem Staub. Sie waren nicht mehr zu hören, so lange wir uns stärkten und die Ausrüstung für den nächsten Tag ordneten. Unsere Nachtruhe währte gerade eine Stunde, als es los ging: die klugen Mäuse merkten anscheinend, wann alle Nächtigenden im Land der Träume waren, denn sie begannen sehr lebendig und deshalb deutlich hörbar hinter den Holzverkleidungen herumzulaufen. Von diesem Zeitpunkt an war für einige von uns die Nachtruhe vorbei. Die Geräusche ließen auf einen Beutezug dieser kleinen Diebe schließen. Irgendwo liefen sie im Dunkel hurtig umher! Aus Rücksicht auf die Bergkameraden mit gesegnetem Tiefschlaf wagte niemand eine Taschenlampe einzuschalten, um nach dem Rechten zu sehen. Wir verließen uns dafür umso mehr auf unsere Ohren und lauschten konzentriert in das Innere des Raumes. Schweigend und ohne zu wissen, wer von den Kameraden auch schon auf Horchposten lauert, versuchte – wie wir später von einander erfuhren – jeder von uns aus der Richtung der Kratz- und Nagegeräusche zu erahnen, ob etwa sein eigener Rucksack gerade Opfer der tierischen Plünderung wird. Auf diese Weise um den Schlaf gebracht, war der nächtliche Aufbruch zur Škrlatica bald beschlossene Sache. Als Entschädigung für die kurze Nacht empfing uns ein klarer, sonniger Morgen mit fantastischer Fernsicht.
Beim Abstieg trafen wir kurz vor dem Tal einen Mann, der wie wir im Biwak genächtigt hatte. Er zeigte uns seinen von den Mäusen angenagten Apfel. – Also gab es doch ein „Opfer" der diebischen Mäuse!

*Bild links:*

Das Bivak IV mit der Dolkova Špica

**Vollmond-Picknick unter dem Stenar**

Eine Gruppe slowenischer Studenten genießt ein üppiges und warmes Nachtmahl, dessen Duft den geduldigen – und hungrigen! – Fotografen lange Zeit begleitet. Das kleine Licht am Bergkamm rechts oben stammt vom Triglavhaus auf der Kredarica.

## Škrlatica

*Bild links:*

Am Einstieg zum Klettersteig auf die Škrlatica. Der Triglav grüßt herüber.

*Bild rechts:*

Über den Felszacken der Rokav leuchtet das Nebelmeer des Kärntner Unterlandes. Der dünne Streifen am Horizont ist die Koralpe.

*Nächste Doppelseite:*

Weit reicht der Blick vom Gipfel der Škrlatica nach Osten zu den Steiner Alpen. Die von links nach rechts durch das Bild verlaufenden Karawanken trennen Kärnten (hinten) von der Oberkrainer Ebene (vorne).

## Prisank

*Bild linke Seite:*

Zwei Gewaltige der Julier thronen über dem kleinen Stausee südlich von Kranjska Gora: Der Razor (links) und der Prisank (Prisojnik).

*Bild rechts:*

Vom Hanza-Steig auf der Nordseite des Prisank genießt man nicht nur atemberaubende Tiefblicke, sondern hat auch eine gute Sicht auf die Mojstrovka.

Der sportlich spannendste Teil des Klettersteiges auf dem Weg zum vorderen Fenster: die Verschneidung.

Der obere Teil der Verschneidung

Senkrecht, doch gut gesichert, geht es im unteren Teil der Verschneidung aufwärts.

## Prisank Fensterweg

Packend und einer der schönsten Klettersteige der Julischen Alpen ist der Steig durch das vordere Fenster des Prisank. Dieses gilt als das größte Felsentor der Alpen.

Am Ostgrat des Prisank befindet sich noch ein zweites „Okno" (Fenster).

Das große (vordere) Fenster des Prisank

Die Szenerie im Prisank-Fenster erinnert an ein Kirchenschiff.

## Prisank

*Bild links:*

Vom Ausstieg aus dem Prisank-Fenster bietet sich ein einzigartiger Tiefblick durch das Felsentor auf die Wälder entlang der Straße über den Vršič-Pass.

*Bild rechts:*

Razor und Triglav vom Westgrat des Prisank. Auf der Kredarica links des Triglav ist das Triglavhaus (Triglavski dom) zu erkennen.

## Der Jubiläumsweg vom Prisank zum Razor

*Bild links:*

Der Klettersteig durch das vordere Fenster zum Gipfel des Prisank findet jenseits, auf dem langgestreckten Ostgrat über den Zadnji Prisank, eine ebenso spannende wie malerische Fortsetzung. Dieser lange, „Jubiläumsweg" genannte, Klettersteig führt den Bergsteiger auf ausgeprägten Felsbändern zum hinteren Fenster (Zadnje okno) des Prisank. Von hier bietet sich ein schöner Ausblick auf den nahen Razor mit dem großen Schuttfeld auf seiner Westseite.

*Bild rechts:*

Von den über tiefen Abgründen verlaufenden Passagen des Jubiläumsweges schweift der Blick zurück zum Gipfel des Prisank.

**Prisank**

*Bild links:*

Blick nach Norden durch das hintere Fenster des Prisank (Zadnji okno).

*Bild rechte Seite:*

Größere Edelweiß-Bestände findet man auf der Südseite des Prisank.

## Mojstrovka und Sleme

*Bild links*:

Im Frühjahr spiegelt sich die Mojstrovka mit ihrem Felskamm zum Travnik im Schmelzwassersee am Eingang zur Planica.

*Bild rechts*:

Die Nordwand der Mojstrovka. Der Einstieg zum Klettersteig befindet sich am Ende der Schneespur. Schön und abwechslungsreich verläuft der Weg entlang der Verschneidungen und unter gewaltigen Felsüberhängen direkt zum Gipfel und bietet eine ständige Aussicht auf die liebliche Sleme-Alm.

## Sleme und Hohe Ponca (Ponza Grande)

Die Sleme-Alm vom Zugang zum Nordwand-Klettersteig der Mojstrovka. Auf dem Kamm mit der Ponca als höchstem Berg verläuft die Grenze zwischen Slowenien und Italien. Jenseits davon liegen im Tal die Weißenfelser Seen.

Sternbergs Nelke

Almrausch mit Distelfalter

Südalpen-Hornkraut

Teufelskralle

Zwergalpenrose

Gemswurz

**Blumen des Sleme**

## Kampfbäume auf dem Sleme

Was haben diese knorrigen Baumstümpfe schon alles erlebt! Winterstürme und Frost, extreme Sonnenstrahlung und Dürre. Zu allem Überfluss bekommen manche in exponierter Position Starkstrom. Da bleibt nicht viel übrig vom einst stolzen Äste- und Nadelkleid. Trotzig stehen sie da mit verkohlten Rümpfen. Man sieht ihnen ihre Leidensgeschichten an, aber auch ihre einstige Stärke. Wer sich auf ihnen oder in ihren Schatten zur Rast niederlässt, spürt die beruhigende Kraft, die den alten Stämmen entströmt.

## Jalovec vom Sleme

Manche der Baumriesen sind liegestuhlartig mit perfekter Lordosenstütze gewachsen. Wer denkt da noch ans Wandern!